공기는 눈에 보이지 않고
냄새도 없지만 우리 곁에서
많은 일을 해.
공기

글 김인숙

충남 논산에서 태어나 대학교에서 영어영문학을 공부하였고,
지금은 어린이책 쓰는 일을 하고 있습니다.
그동안 <오천 년 지혜 담긴 건물 이야기>,
<엽기발랄 안다박사의 요건 몰랐지?> 등 어린이들을 위해
많은 글을 썼으며, 어린이들이 재미있게 읽고 행복해할 수
있는 글을 쓰기 위해 노력하고 있습니다.

그림 김재숙

대학에서 일러스트레이션을 전공하였습니다.
현재 프리랜서 일러스트레이터로 활동하며,
어린이책 작가교실에서 글쓰기 공부를 하고 있습니다.
작품으로는 <피터 팬>, <어린 왕자>, <집 없는 소년>
등이 있습니다.

감수 박용남

고려대학교 화학과를 졸업하고 미국 미주리대학교에서
화학박사 학위를 받았습니다. 현재는 한국교원대학교
화학교육과 교수를 맡고 있습니다.
그동안 과학고등학교 화학교과서, 화학실험서 등을 썼으며,
화학 전문 학술지에 논문 50여 편을 발표하였습니다.

물체와 물질 · 공기의 힘 19 공기는 꼭 필요해

김인숙 글 · 김재숙 그림 · 박용남 감수
펴낸곳 (주)아람키즈 | 펴낸이 이소영 | 주소 서울특별시 성동구 성수이로 147, 아이에스비즈타워 2F
고객센터 1644-4521 | 팩스 02-468-5548 | 홈페이지 www.aramkids.co.kr | 출판등록 제2020-000011호
기획 · 편집 · 디자인 (주)아람키즈 하늘땅
ISBN 979-11-6543-528-8 979-11-6543-574-5(세트)

• 눈을 편안하게 해 주는 친환경 식물성 원료인 콩기름 잉크로 인쇄하였습니다.
⚠ 책 모서리가 날카로워 다칠 수 있으니 사람을 향해 던지거나 떨어뜨리지 마십시오.
⚠ 종이에 베이거나 긁힐 수 있으므로 주의해 주십시오.

공기는 꼭 필요해

김인숙 글 · 김재숙 그림 · 박용남 감수

아람키즈

통통 튀던 공이 쭈그러졌어.
아무리 던져도
튀어 오르지 않아.

통
똥

쌩쌩 달리던 자전거
바퀴가 푹 가라앉았어.
앞으로 나아가질 않아.
괜찮아.
공기*를 다시 넣으면 돼.

공기를 넣는다고?
공기가 어디 있는데?

공기는 항상
우리 주위에 있어.
부채를 부쳐 봐.
얼굴에 뭔가 느껴지지?
그게 바로 공기야.
공기

그런데 공기를
어떻게 넣어?
이렇게?

아니, 이렇게.
공
자전거
풍선
그리고 이렇게.
주위에
있던 공기가
입과 대롱을 통해
공과 풍선 속으로
들어가는 거야.

7

공도, 자전거 바퀴도,
풍선도 공기가 들어가야
쓸 수 있어.
공기

공기를 조금 넣으면 몰랑몰랑.

많이 넣으면
탱탱해.

또, 공기를 어디에
넣느냐에 따라
모양이 달라져.
우아,
공기는 신기하구나!

그래,
공기는 참 신기해.
그리고 공기는
쓸모도 많아.
공하고 풍선하고
자전거 말고,
또 어디에 쓰는데?

바람은 공기가 움직이는 것을 말해요.
이 바람은 바람개비를 돌리고, 연을 날려 줘요.

선풍기를 켜면 시원한 바람이 나와
더울 때 땀을 식혀 줘요.

공기는
바람개비*를 돌려
주고, 연을 날려 줘.
또 더울 때 땀을
식혀 주기도 해.

사람은 물속에서는 숨을 쉴 수 없어요. 공기를 마실 때 물도 함께 몸속으로 들어가기 때문이에요. 그래서 물속에 들어갈 때는 공기가 들어 있는 통을 짊어지고 가야 해요.

우주에는 공기가 없어요. 그래서 우주에 갈 때는 꼭 공기가 담긴 통이 있어야 해요.

어어, 난 공기를 마신 적이
없는데……

아니야,
너도 마시고 있어.
자, 입을 다물고
코를 꼭 쥐어 봐.
어때?

아유, 숨 막혀!

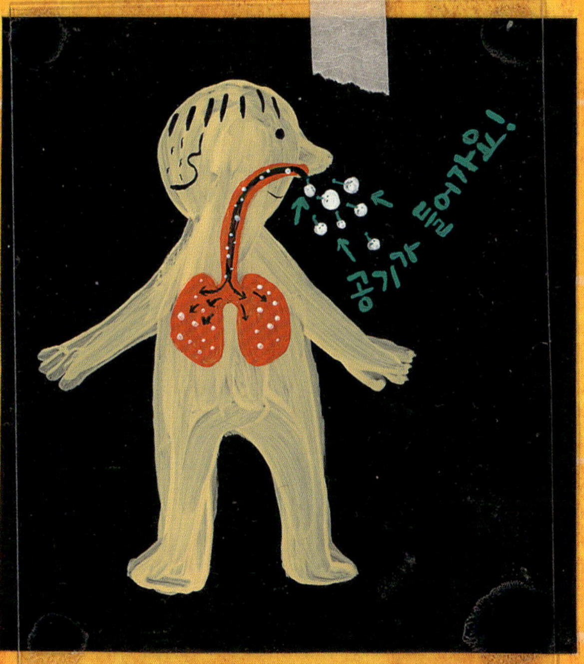

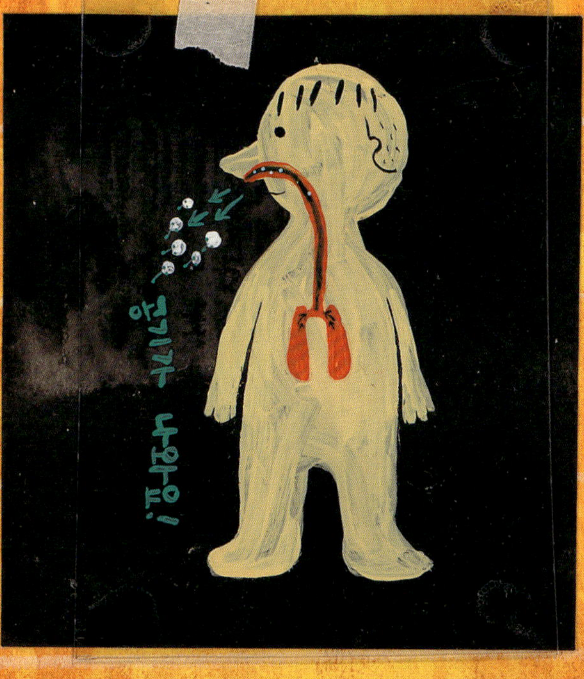

거봐, 넌 못 느끼지만
코와 입으로 공기가
들어갔다 나왔다 하고 있어.

숨을 들이쉬면 코와 입을 통해 공기가
몸속으로 들어가서 폐가 풍선처럼 부풀어요.
숨을 내쉬면 폐에 있던 공기가 다시
코와 입을 통해 빠져나와서 폐도 줄어들어요.

깨끗한 공기를 마시면
우리 몸이 건강해지지만,
더러운 공기를 마시면
아프게 돼.

공기는
보이지도 않는데
어떻게 더러워져?
공기에 더러운 게
묻는 거야?
공기

차들이 달릴 때
내뿜는 연기가 공기에
섞이면 더러워지는 거야.
또 공장에서 나오는 연기나
쓰레기를 태울 때 나오는
연기도 공기를 더럽게 해.
공기가 더러우면 하늘이
뿌옇게 보여.

그럼 공기는
깨끗해질 수 없어?

자동차나 공장에서
나오는 연기를 줄이고,
나무를 더 많이 심으면 돼.
나무는 공기를 깨끗하게
만들어 주거든.

아하, 그래서 길가에
나무가 있는 거구나!

그래, 맞아.
길가에 있는 나무들이
자동차의 연기를 빨아들여
공기가 깨끗해지는 거야.
숲에 가면 기분이 상쾌해지지?
그건 나무가 많기 때문이야.
나도
숲에 갈래.

나무를 비롯한 식물은 사람이 숨을 쉴 때 필요한 산소를 만들어 내보내지요. 그래서 숲에 가면 기분이 상쾌해져요.

아, 상쾌해!
공기

신나는 과학놀이

문제 다음 중 공통점이 **가장 적은 것**은 무엇일까요?

① 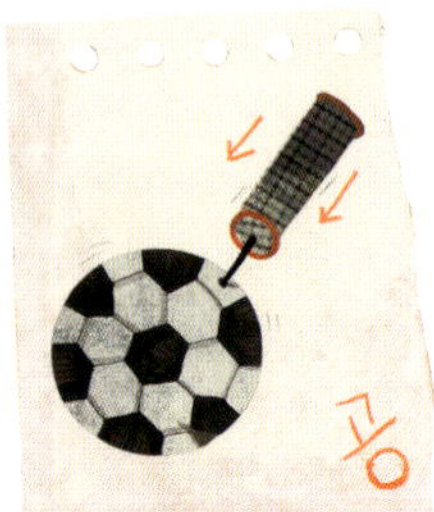

② 

③ 

④ 

정답은? ① ② ③ ④

문제 다음 중 **잘못된 말**을 고르세요.

① 물속에 들어갈 때는 공기가 들어 있는 통을 짊어지고 가야 해.

② 우주에는 공기가 많아서 동식물이 살 수 있어.

③ 숨을 들이쉬면 폐가 풍선처럼 부풀어.

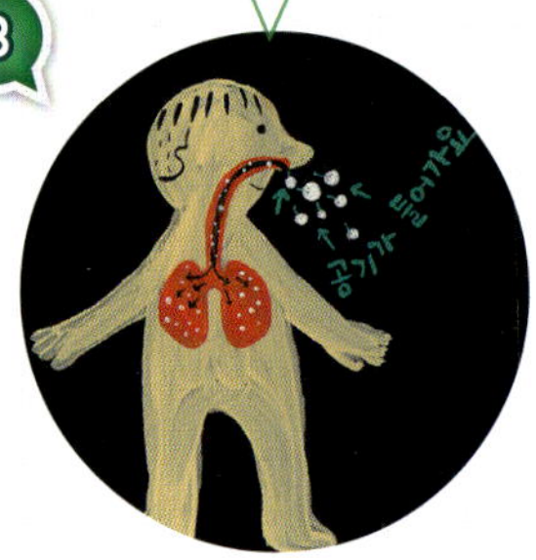

④ 숨을 내쉬면 폐도 줄어들어.

정답은? ① ② ③ ④

정답: 4, 2